VIA MATRIS

P. Enrique Escribano

Primera edición
Guayaquil, Ecuador, 15 de julio de 2025
Versión 1.01

Shoreless Lake Press

INTRODUCCIÓN

La presente obra es una manifestación más de la devoción que el pueblo cristiano le tiene a la Virgen María. En particular, a los llamados siete dolores de la Virgen que representan para ella su propio camino de la cruz o *"via crucis"*.

El arte ha representado a María con siete puñales clavados en su corazón. Se trata de siete episodios de su vida que supusieron una difícil prueba para ella, y que en el *"via matris"* son las siete estaciones.

Rezando esta devoción nos unimos a nuestra madre en sus sufrimientos, en especial a aquellos en los que como Corredentora se unió a los sufrimientos de su Hijo, cuando una espada de dolor le atravesó el corazón, viendo morir a su Hijo en la Cruz, tal y como le había profetizado el anciano Simeón. Ella, la Reina de los mártires, será nuestro consuelo y ayuda en nuestros sufrimientos.

Puede rezarse en todo tiempo pero especialmente en cuaresma, como tiempo penitencial, o en sábado, como día dedicado a María, y especialmente el Sábado Santo, para unirnos a su soledad y sufrimientos, tras la muerte de su Hijo, Nuestro Señor Jesucristo.

Inicio

Monitor: + En el nombre del Padre, y del Hijo y del Espíritu Santo.

Todos: Amén.

Monitor: Acompañemos a María por el camino de la Cruz, para que, siguiendo su ejemplo, podamos unirnos a su Hijo Jesucristo después de pasar por este valle de lágrimas.

Todos: Dios te salve, Reina y Madre de misericordia, vida, dulzura y esperanza nuestra; Dios te salve.

A Ti llamamos los desterrados hijos de Eva; a Ti suspiramos, gimiendo y llorando, en este valle de lágrimas.

Ea, pues, Señora, abogada nuestra, vuelve a nosotros esos tus ojos misericordiosos; y, después de este destierro, muéstranos a Jesús, fruto bendito de tu vientre.

¡Oh clementísima!, ¡Oh piadosa!, ¡Oh dulce siempre Virgen María!

Ruega por nosotros, Santa Madre de Dios.

Para que seamos dignos de alcanzar las promesas de Nuestro Señor Jesucristo. Amén.

Monitor: Oremos. Haz Señor que nuestra vida sea un camino hacia Ti, y que nuestros sufrimientos no sean para nosotros motivo de desesperanza sino una ofrenda agradable de nuestro amor por Ti.

Te lo pedimos, con la intercesión de la Virgen María, por Nuestro Señor Jesucristo que vive y reina por los siglos de los siglos.

Todos: Amén.

Primera estación
María recibe la profecía de Simeón

Monitor: <u>Lectura del santo evangelio</u> según San Lucas:

"Había en Jerusalén un hombre justo y piadoso llamado Simeón. El Espíritu lo llevó al Templo. Como los padres traían al niño Jesús para cumplir con él lo que mandaba la Ley, Simeón lo tomó en sus brazos y dijo a María, su madre: «Mira, este niño ha sido destinado para ser caída y resurrección de muchos en Israel y como signo de contradicción, y a ti misma una espada te atravesará el alma para que se descubran los pensamientos de muchos corazones»".

<u>Reflexión</u>: María, no eran pocos los sufrimientos que ya pesaban en tu corazón: Habías sufrido las dificultades que conllevaban el que José no era el padre del niño, el viaje a Belén poco antes de su nacimiento, así como el no encontrar posada allí y no poder ofrecer al niño Jesús, el Hijo de Dios, un lugar digno a su rango para nacer.

Pero si esto supuso para ti motivos de preocupación, las palabras de Simeón profetizaban algo aún mucho más difícil.

Además, veías a José sufriendo a tu lado al oír estas palabras y para cuando se dieran cumplimiento él no podría estar a tu lado para consolarte.

Sin embargo, Tú, siendo joven, sabías afrontar con valentía la situación; Tú, con tus sufrimientos anteriores mostrabas una madurez y una serenidad asombrosa, que te llenaban de esperanza, la esperanza de saber que los planes de Dios son maravillosos.

Comentario: Algunas veces nos angustiamos con nuestros sufrimientos, pero el ejemplo de María, nos hace recuperar la valentía y la esperanza en la providencia divina. El camino de la gloria pasa por la Cruz.

Letanías: Salud de los enfermos

Todos: Ruega por nosotros

Monitor: Refugio de los pecadores

Todos: Ruega por nosotros

Monitor: Consoladora de los afligidos

Todos: Ruega por nosotros

Monitor: Auxilio de los cristianos

Todos: Ruega por nosotros

Monitor: <u>Oración</u>: Oh Dios, concédenos ser pacientes en la tribulación y en las contrariedades de cada día, y que sintamos el dolor de la espada del pecado para que siempre busquemos el perdón de la confesión, y así alcancemos y conservemos la gracia divina para llegar a la gloria de la resurrección.

Te lo pedimos, con la intercesión de la Virgen María, por Nuestro Señor Jesucristo que vive y reina por los siglos de los siglos.

Todos: Amén

Dios te salve, María, llena eres de gracia; el Señor es contigo. Bendita Tú eres entre todas las mujeres, y bendito es el fruto de tu vientre, Jesús.

Santa María, Madre de Dios, ruega por nosotros, pecadores, ahora y en la hora de nuestra muerte. Amén.

Segunda estación
María huye a Egipto con Jesús y José

Monitor: <u>Lectura del santo evangelio</u> según San Mateo:

"Un ángel del Señor se apareció en sueños a José y le dijo: «Levántate, toma al niño y a su madre, y huye a Egipto; quédate allí hasta que te avise, porque Herodes va a buscar al niño para acabar con él»".

<u>Reflexión</u>: Una cosa eran las dificultades de cada día (el viaje a Belén, no encontrar posada...), y otra las profecías que aún no se habían cumplido (como la del anciano Simeón), pero esto era un ejército que estaba persiguiendo a un niño indefenso y a su familia sin medios con los que defenderse.

Si difícil era aceptar tener que emprender tan largo viaje hasta Egipto, difícil era emprenderlo en la oscuridad de la noche, sin esperar al alba, y difícil si hacía frío y el niño era aún muy pequeño, mucho más difícil aún era el apuro de saber que Herodes con todo su ejército quería matarlo.

María, Tú viste cómo se cernía sobre ti una

amenaza terrible que te hizo sufrir como si una espada te atravesara el corazón, sabedora de que una espada podría acabar con la vida de tu Hijo, como las que acabaron con la vida de los santos inocentes, y la única escapatoria era huir, y hacerlo a toda prisa.

Sin embargo no te dejaste vencer por el miedo y reaccionaste con rapidez y decisión.

Comentario: Algunas veces podemos sentirnos amenazados y con miedo. A veces los peligros no son pequeños, pero unidos a la Virgen María seamos valientes y no dejemos que el miedo nos domine, y sobre todo, seamos valientes en la lucha contra el pecado huyendo de las tentaciones con rapidez y decisión.

Letanías: Salud de los enfermos

Todos: Ruega por nosotros

Monitor: Refugio de los pecadores

Todos: Ruega por nosotros

Monitor: Consoladora de los afligidos

Todos: Ruega por nosotros

Monitor: Auxilio de los cristianos

Todos: Ruega por nosotros

Monitor: <u>Oración</u>: Oh Dios, que nos proteges con tu divina providencia de todos los peligros, concédenos la salud del alma y del cuerpo, no nos dejes caer en la tentación y líbranos de todo mal.

Te lo pedimos, con la intercesión de la Virgen María, por Nuestro Señor Jesucristo que vive y reina por los siglos de los siglos.

Todos: Amén

Dios te salve, María, llena eres de gracia; el Señor es contigo. Bendita Tú eres entre todas las mujeres, y bendito es el fruto de tu vientre, Jesús.

Santa María, Madre de Dios, ruega por nosotros, pecadores, ahora y en la hora de nuestra muerte. Amén.

Tercera estación
María busca a Jesús perdido en Jerusalén

Monitor: <u>Lectura del santo evangelio</u> según San Lucas:

"Al regresar a Nazaret, el niño Jesús se quedó en Jerusalén, sin que sus padres lo advirtieran.

Pensando que iba en la caravana, anduvieron una jornada buscándolo entre sus parientes y conocidos; pero, al no encontrarlo, regresaron a Jerusalén en su busca.

Al cabo de tres días lo encontraron en el templo.

Su madre le dijo: «Hijo, ¿por qué nos has hecho esto? Mira cómo tu padre y yo, angustiados, te andábamos buscando»".

<u>Reflexión</u>: Tres largos días estuviste profundamente angustiada buscando a Jesús. Tú, siendo inmaculada desde la concepción, nunca dejaste de ser la llena de gracia, pero experimentaste en tu vida lo trágico que es perder a Jesús.

Ese sentimiento que debió clavarse en tu alma como espada afilada, sintiendo que habías fracasado en la misión que Dios te encomendó, y que habías traicionado esa confianza que Él había puesto en ti cuando quiso que fueras Su madre. Sin embargo, tu incansable búsqueda acabó dando resultados.

Comentario: Cuando por nuestros pecados perdemos la gracia, Dios deja de estar en nuestra alma y perdemos a Jesús. Ojalá que el dolor de nuestros pecados fuera como la angustia que sufrieron José y María.

Durante un tiempo dejamos a un lado la misión que Dios esperaba que cumpliéramos y traicionamos su confianza por nuestros egoísmos.

Sin embargo, nuestra búsqueda de Jesús no debe detenerse; y, siguiendo el ejemplo de María, perseveremos hasta que volvamos a encontrarnos con Él.

Letanías: Salud de los enfermos

Todos: Ruega por nosotros

Monitor: Refugio de los pecadores

Todos: Ruega por nosotros

Monitor: Consoladora de los afligidos

Todos: Ruega por nosotros

Monitor: Auxilio de los cristianos

Todos: Ruega por nosotros

Monitor: Oración: Oh Dios, infinitamente misericordioso, ten piedad de nosotros y concédenos la gracia de buscarte siempre.
Te lo pedimos, con la intercesión de la Virgen María, por Nuestro Señor Jesucristo que vive y reina por los siglos de los siglos.

Todos: Amén

Dios te salve, María, llena eres de gracia; el Señor es contigo. Bendita Tú eres entre todas las mujeres, y bendito es el fruto de tu vientre, Jesús.
Santa María, Madre de Dios, ruega por nosotros, pecadores, ahora y en la hora de nuestra muerte. Amén.

Cuarta estación
María se encuentra con Jesús camino del Calvario

Monitor: Lectura del santo evangelio según San Lucas:

"Conducido Jesús al suplicio, le seguía una gran multitud del pueblo y de mujeres que lloraban y se lamentaban por él".

Reflexión: ¡Qué duro fue para ti que vieras a tu propio Hijo azotado, coronado de espinas, cargando la cruz y condenado a morir! ¡Qué duro fue verle así sabiendo que se trataba del Cordero inocente, del Hijo de Dios!

Tu corazón traspasado por tanto dolor y tanta injusticia, hubiera preferido mil veces ser traspasado por una espada, pero también eso te hizo sufrir porque solamente podías llorar y lamentarte.

Comentario: Jesús cargaba en la Cruz con todos nuestros pecados.

Quizás no somos conscientes de que cuando pecamos añadimos un azote más a su cuerpo, una espina más a su corona clavada en su cabeza, un mayor peso a su Cruz sobre sus hombros, y una justificación más a la injusta condena que padeció.

Y quizás no somos conscientes de que añadimos también a su madre una lágrima más, un lamento más, un dolor más y una punzada más en su corazón.

¡Cuantísimo deberíamos aborrecer siempre el pecado!

Letanías: Salud de los enfermos

Todos: Ruega por nosotros

Monitor: Refugio de los pecadores

Todos: Ruega por nosotros

Monitor: Consoladora de los afligidos

Todos: Ruega por nosotros

Monitor: Auxilio de los cristianos

Todos: Ruega por nosotros

Monitor: Oración: Oh Dios, por tu infinita bondad, concédenos siempre el deseo de aborrecer el pecado, encontrarnos habitualmente contigo en la oración y en la eucaristía, y alcanzar una vida de santidad.

Te lo pedimos, con la intercesión de la Virgen María, por Nuestro Señor Jesucristo que vive y reina por los siglos de los siglos.

Todos: Amén

Dios te salve, María, llena eres de gracia; el Señor es contigo. Bendita Tú eres entre todas las mujeres, y bendito es el fruto de tu vientre, Jesús.

Santa María, Madre de Dios, ruega por nosotros, pecadores, ahora y en la hora de nuestra muerte. Amén.

Quinta estación
María presente en la crucifixión y agonía de su Hijo

Monitor: Lectura del santo evangelio según San Juan:

"Estaban de pie junto a la cruz de Jesús su madre y la hermana de su madre, María de Cleofás, y María Magdalena.

Viendo Jesús a su madre y junto a ella el discípulo a quien amaba, dijo a su madre: «Mujer, ahí tienes a tu hijo».

Luego dijo al discípulo: «Ahí tienes a tu madre». Y desde aquella hora el discípulo la tomó consigo".

Reflexión: Aquí se cumplía la profecía de Simeón y una espada de dolor atravesaba tu corazón, y Tú, María, contemplabas a Jesús, clavado en el madero, Tú podías ver sus clavos, su agonía, sus heridas, y sin embargo, pese a todo lo que veías, Él se preocupaba por ti, dándote a Juan como hijo tuyo. Pensando en ti y consolándote a pesar de su agonía.

Fue esta situación la que hizo que fueras

llamada "La dolorosa", y esa espada de dolor te atravesaba el corazón al mismo tiempo que a Jesús sus clavos. Su agonía era también tu agonía. Su Redención era tu Corredención.

Comentario: Cada vez que asistimos a la Santa Misa estamos presentes en la crucifixión del Señor, en el mismo y único sacrificio de Cristo en la cruz. Lo hacemos de forma sacramental, no podemos ver sus clavos, sus heridas, su agonía, pero no por ello estamos menos presentes.

Nuestra atención, nuestra devoción y nuestros sentimientos deberían ser los mismos que los de María.

Letanías: Salud de los enfermos

Todos: Ruega por nosotros

Monitor: Refugio de los pecadores

Todos: Ruega por nosotros

Monitor: Consoladora de los afligidos

Todos: Ruega por nosotros

Monitor: Auxilio de los cristianos

Todos: Ruega por nosotros

Monitor: Oración: Oh Dios, que nos regalaste el sacramento de la Eucaristía y nos permitiste asistir a ese gesto, tan sublime para con nosotros, de tu Cruz, haz que nuestra presencia en la Santa Misa corresponda dignamente a esa grandeza.

Te lo pedimos, con la intercesión de la Virgen María, por Nuestro Señor Jesucristo que vive y reina por los siglos de los siglos.

Todos: Amén

Dios te salve, María, llena eres de gracia; el Señor es contigo. Bendita Tú eres entre todas las mujeres, y bendito es el fruto de tu vientre, Jesús.

Santa María, Madre de Dios, ruega por nosotros, pecadores, ahora y en la hora de nuestra muerte. Amén.

Sexta estación
María recoge a Jesús bajado de la Cruz

Monitor: Lectura del santo evangelio según San Mateo:

"Al atardecer vino un hombre de Arimatea, llamado José, que era también discípulo de Jesús. Éste se presentó a Pilato y le pidió el cuerpo de Jesús. Entonces Pilato ordenó que se lo dieran. Y José tomó el cuerpo y lo envolvió en una sábana limpia".

Reflexión: María, Tú acogiste a tu Hijo en tus brazos. En ese momento vinieron a ti tantos recuerdos de las muchas veces que abrazaste al niño Jesús desde su nacimiento. Pudiste ver cómo iba creciendo en edad, sabiduría y gracia. Sin embargo, ese cuerpo que Tú alimentaste, cuidaste y protegiste, y que tanto amaste, estaba ahora muerto ante ti. Todos tus trabajos y esfuerzos parecían haberse difuminado. Tus oraciones parecían no haber sido escuchadas.

Comentario: Los trabajos y esfuerzos de cada día no siempre consiguen los resultados que uno esperaría, pero siempre, ofrecidos a

Dios, son agradables a sus ojos. Dios tiene sus caminos. A nosotros nos corresponde llevar nuestros quehaceres de la mejor manera posible, pero es Dios quien nos dirige con sus planes.

Letanías: Salud de los enfermos

Todos: Ruega por nosotros

Monitor: Refugio de los pecadores

Todos: Ruega por nosotros

Monitor: Consoladora de los afligidos

Todos: Ruega por nosotros

Monitor: Auxilio de los cristianos

Todos: Ruega por nosotros

Monitor: Oración: Oh Dios, concédenos ser diligentes en el trabajo, ofrecerte nuestro mejor esfuerzo para que se cumpla tu voluntad.
Te lo pedimos, con la intercesión de la Virgen María, por Nuestro Señor Jesucristo que vive y reina por los siglos de los siglos.

Todos: Amén

Dios te salve, María, llena eres de gracia; el Señor es contigo. Bendita Tú eres entre todas las mujeres, y bendito es el fruto de tu vientre, Jesús.

Santa María, Madre de Dios, ruega por nosotros, pecadores, ahora y en la hora de nuestra muerte. Amén.

Séptima estación
María deja el cuerpo de Jesús en el sepulcro

Monitor: <u>Lectura del santo evangelio</u> según San Juan:
"Había un huerto en el lugar donde fue crucificado, y en el huerto un sepulcro nuevo, en el que todavía nadie había sido sepultado. Como era la Preparación de los judíos, y por la proximidad del sepulcro, pusieron allí a Jesús".

<u>Reflexión</u>: Era el momento de la separación, era el momento de la sepultura y era ahí donde se empezaba a sentir la soledad.
Atrás quedaban recuerdos de su presencia: cuando recordabas el día que nació y recibió de ti el primer abrazo, cuando te dijo por primera vez "mamá", cuando dio sus primeros pasos, cuando compartió contigo y con José días, viajes y aventuras, cuando muchos días se sentó a tu lado y conversasteis de las cosas del cielo, cuando lo viste empezar a predicar el evangelio, cuando contemplaste sus milagros, cuando pudiste ver a las muchedumbres que le seguían...
Ahora, sin embargo, dejando su cuerpo en el sepulcro, ya no estaba junto a ti.

Comentario: Qué pena si no aprovechamos las oportunidades de compartir con Jesús todos los días: ratos de oración ante el Santísimo o ante el Sagrario, las aventuras de cada día viviendo la presencia de Dios. Que en nuestra vida espiritual, a través de María, su Hijo esté siempre presente.

Letanías: Salud de los enfermos

Todos: Ruega por nosotros

Monitor: Refugio de los pecadores

Todos: Ruega por nosotros

Monitor: Consoladora de los afligidos

Todos: Ruega por nosotros

Monitor: Auxilio de los cristianos

Todos: Ruega por nosotros

Monitor: Oración: Oh Dios, ya que al recibir la comunión se deposita tu cuerpo en nuestro interior, del mismo modo que tu cuerpo fue puesto en el sepulcro, haz que siempre lo recibamos en un alma digna de tu presencia.
Te lo pedimos, con la intercesión de la Vir-

gen María, por Nuestro Señor Jesucristo que vive y reina por los siglos de los siglos.

Todos: Amén

Dios te salve, María, llena eres de gracia; el Señor es contigo. Bendita Tú eres entre todas las mujeres, y bendito es el fruto de tu vientre, Jesús.

Santa María, Madre de Dios, ruega por nosotros, pecadores, ahora y en la hora de nuestra muerte. Amén.

Conclusión

Monitor: Que este rato acompañando a María por el camino de la Cruz, sirva para que al acercarnos más a ti, Madre nuestra, nos unamos más a tu Hijo Jesucristo.

Todos: Dios te salve, Reina y Madre de misericordia, vida, dulzura y esperanza nuestra; Dios te salve.

A Ti llamamos los desterrados hijos de Eva; a Ti suspiramos, gimiendo y llorando, en este valle de lágrimas.

Ea, pues, Señora, abogada nuestra, vuelve a nosotros esos tus ojos misericordiosos; y, después de este destierro, muéstranos a Jesús, fruto bendito de tu vientre.

¡Oh clementísima!, ¡Oh piadosa!, ¡Oh dulce siempre Virgen María!

Ruega por nosotros, Santa Madre de Dios.

Para que seamos dignos de alcanzar las promesas de Nuestro Señor Jesucristo. Amén

Monitor: + En el nombre del Padre, y del Hijo y del Espíritu Santo.

Todos: Amén.

FIN

"Stabat Mater dolorosa"
(Estaba la Madre dolorosa)

La Madre piadosa estaba
junto a la cruz y lloraba
mientras el Hijo pendía.
Cuya alma, triste y llorosa,
traspasada y dolorosa,
fiero cuchillo tenía.
¡Oh, cuán triste y cuán aflicta
se vio la Madre bendita,
de tantos tormentos llena!
Cuando triste contemplaba
y dolorosa miraba
del Hijo amado la pena.
Y ¿cuál hombre no llorara,
si a la Madre contemplara
de Cristo, en tanto dolor?
Y ¿quién no se entristeciera,
Madre piadosa, si os viera
sujeta a tanto rigor?
Por los pecados del mundo,
vio a Jesús en tan profundo
tormento la dulce Madre.
Vio morir al Hijo amado,
que rindió desamparado
el espíritu a su Padre.
¡Oh dulce fuente de amor!,
hazme sentir tu dolor
para que llore contigo.

Y que, por mi Cristo amado,
mi corazón abrasado
más viva en él que conmigo.
Y, porque a amarle me anime,
en mi corazón imprime
las llagas que tuvo en sí.
Y de tu Hijo, Señora,
divide conmigo ahora
las que padeció por mí.
Hazme contigo llorar
y de veras lastimar
de sus penas mientras vivo.
Porque acompañar deseo
en la cruz, donde le veo,
tu corazón compasivo.
¡Virgen de vírgenes santas!,
llore ya con ansias tantas,
que el llanto dulce me sea.
Porque su pasión y muerte
tenga en mi alma, de suerte
que siempre sus penas vea.
Haz que su cruz me enamore
y que en ella viva y more
de mi fe y amor indicio.
Porque me inflame y encienda,
y contigo me defienda
en el día del juicio.
Haz que me ampare la muerte
de Cristo, cuando en tan fuerte
trance vida y alma estén.
Porque, cuando quede en calma
el cuerpo, vaya mi alma
a su eterna gloria. Amén.

Índice